Dieses Buch gehört:

________________________

Mehr über mich auf Seite 36 & 37

MON COQ
edition

SABINE HAHN

Das

# Hockey-Kids Freundebuch

Zum Lesen und Mitmachen

MON COQ
edition

Liebe Freundin, lieber Freund,

bevor du dich in mein Freundebuch einträgst, laden dich die Hockey-Kids Lena, Max und Lars dazu ein, ihre Geschichte zu genau diesem Buch zu lesen.

Stößt du dabei auf einen gesprenkelten QR-Code, dann „fotografiere" ihn mit einem Handy gemeinsam mit deinen Eltern. So landest du direkt im passenden Hockey-Kids Video der jeweiligen Textstelle und kannst die Übung selbst einmal ausprobieren.

Blättere Seite um Seite weiter und erlebe das Abenteuer, bis du zum Kapitel „Meine Freunde" und zu den beiden freien Seiten gelangst, in die du dich eintragen darfst.

So wirst auch DU ein Teil dieser Geschichte ...

Schön, dass wir befreundet sind!

Bibliografische Information der Deutschen Nationalbibliothek:
Die Deutsche Nationalbibliothek verzeichnet diese Publikation in der Deutschen Nationalbibliografie; detaillierte bibliografische Daten sind im Internet über http://dnb.dnb.de abrufbar.


Amtsgericht Frankfurt am Main HRA 48866
Text, Illustration & Konzept: Sabine Hahn
Sportfachliches Lektorat: Chris Faust, Prof. Andy Gasser
Lektorat: Marlies Nelke-Fecher

Verlag: MON COQ edition e.K., de-Neufville-Str. 40,
60599 Frankfurt/Main (D), info@moncoq.com, www.moncoq.com
Druck: Libri Plureos GmbH, Friedensallee 273, 22763 Hamburg (D)
ISBN Hardcover: 978-3-9822387-5-3
ISBN Taschenbuch: 978-3-9822387-6-0

Informationen, Lesungen & Leserbriefe: www.sabinehahn.net

Liebe Eltern,
bitte beachten Sie, dass wir keine Haftung für eventuelle Schäden und Verletzungen übernehmen, sollten durch das freudige Hockeyspielen und -ausprobieren Ihres Kindes jemals solche entstehen.
Gleiches gilt für das Malen, Basteln und das Arbeiten mit der Schere.
Ihre Sabine Hahn & Die Hockey-Kids

# Inhalt

# Das blaue Wunder

„Seid ihr sicher, dass wir hier richtig sind? Das sieht doch aus wie ein Schwimmbad!“

Mit seinen Händen drückt Max die Äste auseinander, während es im Hintergrund strahlend blau leuchtet. Als er genug gesehen hat, kriecht er rückwärts wieder aus dem Gebüsch und hüpft auf den Gehweg zu seinen beiden Freunden. In seinen Haaren wippt unbemerkt ein grünes Blatt wie eine Indianerfeder hin und her.

„Keine Ahnung! Die Adresse stimmt jedenfalls!", zwinkert Lena.

„Ach, das ist bloß der neue Kunstrasen! Das wisst ihr doch! Jetzt lasst uns endlich reingehen!", quengelt Lars, „Sonst fängt das Schnuppertraining für unsere Schule noch ohne uns an! Gleich geht's los!"

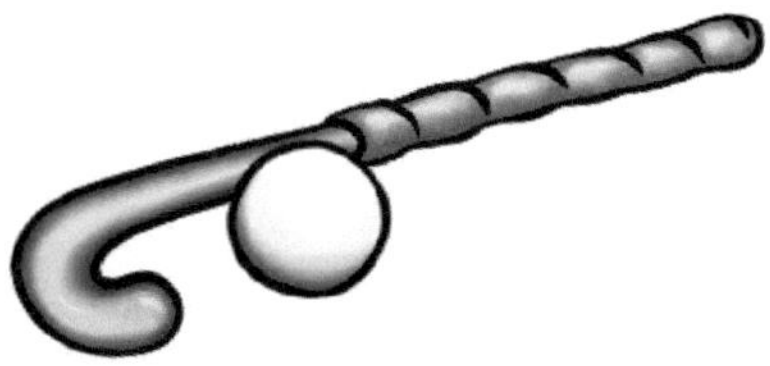

So durchqueren sie das große Eingangstor und schließen sich ihren Mitschülern und den Vereinskindern an, die mit ihren Hockeyschlägern und Sporttaschen bereits vor ihnen laufen. Gemeinsam steuern sie direkt auf das leuchtende Blau zu.

„Ein blauer Hockeyplatz!", freut sich Lena, „Wie wunderhübsch!"

„Ja, echt cool!", findet auch Max und Lars lacht: „Hier kann der Gegner wirklich sein ‚blaues Wunder' erleben!"

Neugierig folgen sie dem sandigen Weg zum Treffpunkt. Überall herrscht ein buntes Treiben:

Einige Hockeykinder spielen sich den Ball zu, andere ziehen sich die Schienbeinschoner an und etwas abseits lässt ein Mädchen den Ball mit ihrem Schläger wie von Zauberhand durch die Luft wirbeln.

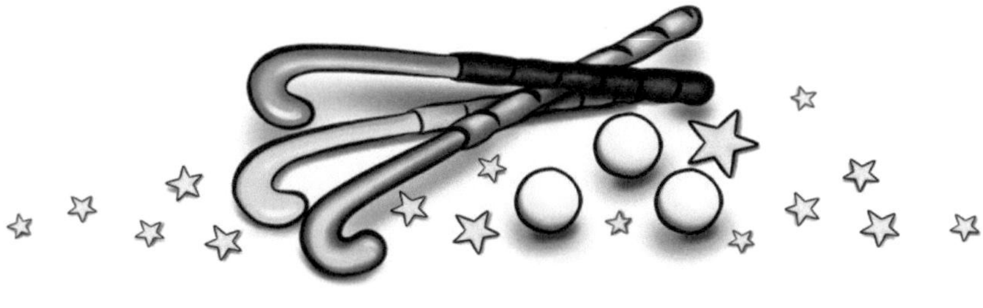

Lars ist beeindruckt: „Das ist toll! Ob wir hier auch sowas machen?"

„Kommt, wir fragen gleich mal nach!", antwortet Lena begeistert und läuft schneller.

„Aber Tore schießen will ich auch unbedingt!", ruft ihr Max hinterher.

Interessiert beobachtet er eine Reihe aufgeregter Kinder, die vor einem Tor eine Schlange bilden. Nach und nach wagt sich ein Kind vor und versucht seinen Ball -an der Torfrau vorbei- ins Tor zu spielen. Hin und wieder wird sie tatsächlich ausgetrickst und der Ball landet laut krachend im Tor.

Schon von weitem erkennen die Hockey-Kids eine bunte Fahne mit der Aufschrift „Schnuppertraining“ und rennen eilig hin.

„Hallo ihr drei!“, grüßt ihr Trainer sie kurz darauf. Fröhlich winkt er sie zu sich, nachdem sie ihre Taschen auf einer Bank abgestellt und ihre Turnschuhe angezogen haben. Überall haben sich bereits weitere kleine Schnuppergruppen gebildet.

„Hi! Ich heiße Robin! Bevor wir später mit allen anderen zusammen spielen, bin ich erst mal euer ganz persönlicher Schnupper-trainer“, beginnt der junge Mann.

Mit einigen Hockeyschlägern unter dem Arm und einer prall gefüllten Balltasche führt er die drei Freunde hinüber in eine Ecke des blauen Hockeyplatzes.

„Und wie heißt DU, großer Indianer?" Fragend schaut Robin zu Max und zupft ihm das wippende grüne „Indianerblatt" aus dem Haar.

Diesem ist das erst sehr peinlich, doch dann antwortet er mit fester Stimme: „Ich bin der mutige Häuptling Max! Meine Bälle sind pfeilschnell! Hugh!" Breitbeinig verschränkt er die Arme vor der Brust und versucht grimmig auszusehen.

Robin grinst. Dann wendet er sich Lena und Lars zu: „Na, das wird heute sicher spannend! Und was ist mit euch beiden, habt ihr etwa auch Superkräfte? ... Die Superheldin und der Zauberkünstler?"

„Na klar!“, rufen beide.

„Ich bin die sagenhafte Superheldin Lena! Vor meinem Superschläger haben selbst die fiesesten Gegner keine Chance!“

Entschlossen schnappt sie sich einen Schläger, stellt ihn aufrecht vor sich und stützt beide Hände darauf.

„Und ich bin der große Hockeyzauberkünstler Lars! Meine magischen Bälle landen immer im Tor!“ Lars macht eine große Verbeugung und hebt kurz einen imaginären Zauberhut vom Kopf.

Robin lacht laut: „Euch brauche ich in meiner Mannschaft!"

Schnell hat er gemerkt, dass Lena, Max & Lars bereits ganz gut Hockey spielen und vieles darüber wissen.

„Das kennen wir alles von unserer Hockey AG in der Schule!", erklärt Lars, „Kannst du uns jetzt etwas richtig Cooles beibringen? Bitteeeeee!"

„Also gut ... Aber zuerst bekommt ihr noch eure Teamtrikots ... für das Schnupper-Match nachher.

Hier sind eure weißen Oberteile und falls ihr noch etwas Dunkles braucht ...“ Robin deutet auf schwarze kurze Hosen und Röcke in seiner Tasche. Während sich die Hockey-Kids rasch umziehen, bindet sich Lena schnell einen Zopf und Robin erklärt: „So, ... nun stellt euch vor, der Boden wäre Lava ...“

„Eher ein tiiiiefes blaues Schwimm-becken!“, unterbricht ihn Max und deutet auf den blauen Kunstrasen. Robin lacht: „Oder das! Jedenfalls darf euer Ball den Boden nicht berühren. Lasst ihn so lange wie möglich auf eurem Schläger hüpfen. Fällt der Ball doch mal auf den Boden, darf er nur ein einziges Mal aufkommen.

Dann müsst ihr ihn sofort wieder hochhalten: Entweder auf eurem Knie, auf der Fußspitze oder ihr lauft einmal über ihn hinweg und nehmt ihn hinter euch mit dem Schläger wieder auf."

„So wie die Fußballer?", fragt Lars, „Die machen auch solche Tricks mit dem Knie und der Fußspitze."

Robin nickt. „Genau. Im Hockeymatch geht das mit dem Fuß und dem Knie natürlich nicht, aber eine lustige Herausforderung ist es auf jeden Fall. Mal schauen, wer es am längsten schafft. Seid ihr bereit?

Los geht's!"

Entdecke das Video der Hockey-Kids zu dieser kniffligen Übung!

## Vom Regen überrascht

Nach der lustigen Challenge und einer kleinen Trinkpause geht es auch schon weiter.

„Jetzt sollten wir unbedingt einige Torschüsse üben!", erklärt Robin. Die drei Hockey-Kids nicken eifrig und folgen ihm zum freien Tor.

„Bekommen wir zum Üben auch so eine coole Torfrau wie die anderen vorhin?", fragt Max aufgeregt.

„Ich dachte eigentlich erst einmal an eine einfache Übung", erklärt Robin. „Aber ... wenn ihr wollt, könnt ihr euch auch gleich im „Shoot-out" versuchen und im Duell gegen einen echten Goalie antreten."

„Klasse!", freuen sich die drei, auch wenn sie kurz darauf mit einem mulmigen Gefühl vor dem eindrucksvollen Torwart stehen.

„Versucht einfach, ihn auszutricksen und lasst euch etwas einfallen!"

Robin spricht ihnen ein wenig Mut zu, dann versucht er selbst einige Male sein Glück. Staunend beobachten Lena, Max und Lars, wie er den Ball vom Startpunkt aus erst zum Tor dribbelt, sich dann vor dem Torwart blitzschnell umdreht und den Ball schließlich um sich herum ins Tor befördert.

Der Goalie hat keine Chance ... auch als Robin ihn im nächsten Durchlauf mit der Rückhand austrickst. Die Hockey-Kids jubeln begeistert. Dann sind sie selbst an der Reihe, nehmen ihren Zahnschutz in den Mund und jeder versucht irgendwie einen Treffer zu erzielen.

Entdecke das Video der Hockey-Kids zu dieser Torübung!

Gemeinsam haben sie so viel Spaß, dass sie das heftige Unwetter nicht bemerken, das sich über ihren Köpfen zusammengebraut hat.

Als im Himmel plötzlich ein greller Blitz zuckt und es in den Wolken laut donnert, müssen alle zügig den Platz verlassen: Denn wie schnell kann es zu einem Blitzeinschlag kommen und damit ist nicht zu spaßen.

„Beeilt euch!", ruft Robin den drei Freunden zu, „Schnappt euch eure Sachen, alle Bälle und Schläger und kommt mit! Ein Gewitter zieht auf!"

In Windeseile sammeln sie alles ein. Während die anderen Hockeygruppen sich unter Vordächer stellen oder im Clubhaus Schutz suchen, führt Robin seine kleine Gruppe hinunter zu den nahegelegenen Umkleideräumen.

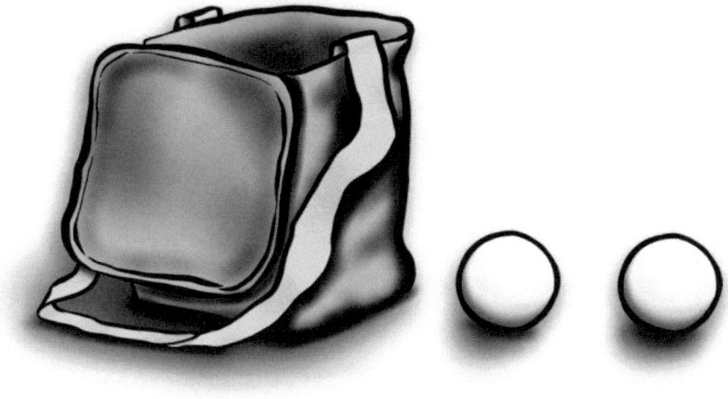

# Wir sind Freunde!

„Na toll!“, meckert Max, „Jetzt sitzen wir hier unten fest und langweilen uns!“ Auch Lena und Lars sind enttäuscht, dass ihr Training ein so jähes Ende genommen hat.

Doch Robin kann sie beruhigen: „Das könnte euch so passen! Beim Hockey gibt es keine Langeweile! Ich zeige euch jetzt mal, wie echte Hockeyspieler ihre Bälle aufräumen.“

Er platziert die Balltasche an das eine Ende des Ganges und gemeinsam legen sie die Bälle an das andere Ende.

Lena, Max, Lars und Robin stellen sich mit ihren Hockeyschlägern den Gang entlang verteilt dazwischen.

Jetzt gilt es, jeden einzelnen Ball mit dem Schläger aufzunehmen, zu jonglieren und an den nächsten weiterzuspielen, bis ihn der letzte direkt in die Tasche hüpfen lässt.

„Auf die Plätze! – Fertig! – Los!", ruft Robin und so landet ein Ball nach dem anderen in der Tasche.

Entdecke das Video der Hockey-Kids zu dieser lustigen Übung!

Als der letzte Ball aufgeräumt ist, hat sich das Gewitter bereits verzogen. „Seht ihr!?", freut sich Robin, „Der Regen ist vorbei, die Sonne scheint wieder und wir haben uns kein bisschen gelangweilt!"

Er hängt sich die schwere Balltasche über die Schulter und führt die drei zu den Treppen.

Max und Lars helfen ihm, die Hockeyschläger zu tragen.

Lena folgt den Jungs und wird etwas traurig, denn der erste Schnuppertag neigt sich dem Ende zu ... Wie schade!

Doch was ist das!?

Als sie die letzte Stufe ins Freie erreicht hat, entdeckt sie unter einer Bank etwas Leuchtendes: Ein kleines buntes Buch, das scheinbar jemand in der Eile verloren hat.

Wem es wohl gehört?

Lena schaut sich um, doch alle anderen Kinder sind wegen des Unwetters bereits nach Hause gegangen. Weit und breit ist niemand zu sehen.

Auch Robin hat keine Ahnung, wem dieses Buch gehören könnte.

„Der Regen hat die Schrift verwischt, fast weggespült. Seht ihr? ... ‚Dieses Buch gehört ...‘ steht hier. Doch mehr kann man leider nicht erkennen.“

Etwas ratlos gibt er Lena das Buch zurück. „Behalte es erst mal bis morgen. Vielleicht finden wir bis dahin heraus, wem es gehört. Ciao ihr drei! Bis morgen!“

Auf dem Heimweg blättern die Hockey-Kids im Buch und suchen nach Hinweisen.

„Wow, das ist ja ein Freundebuch!“, staunt Lars, als er die unzähligen bunten Zeichnungen und Eintragungen entdeckt.

„Wer weiß, vielleicht geben uns ja all diese Freunde einen Hinweis“, hofft Lena. Und so überfliegen sie Seite für Seite.

Lars schwärmt vor sich hin: „So ein tolles Buch mit so vielen tollen Hockeyfreunden!“

„Und Freundinnen!“, ergänzt Lena.

Lars nickt: „Am liebsten würde ich sofort auch etwas hineinschreiben und malen! Also ICH wäre mega glücklich, wenn ich sooo viele nette Freunde und Freundinnen hätte.“

Max ist ebenfalls begeistert und überlegt schon, in welchen Farben er seine Lieblings-gummibärchen hineinmalen würde. „Aber solange wir nicht wissen, wem dieses Buch gehört, können wir doch nicht einfach etwas reinkritzeln“, jammert er.

Plötzlich jubelt Lena: „Ich hab's! Ich weiß, wem dieses Buch gehört!“ Mühsam hat sie das Buch gedreht, gewendet, es gegen die rote Abendsonne gehalten und den verwischten Namen schließlich tatsächlich entziffert.

Aufgeregt zieht sie ihre beiden Freunde enger an sich heran und flüstert ihnen glücklich ins Ohr: „Wir werden auf jeden Fall etwas Tolles in dieses Buch eintragen. Das sind nämlich alles auch UNSERE Freunde, denn es gehört ...“

...

Na, kannst du dir denken, wem dieses Freundebuch gehört?

Die Lösung ist ganz einfach, denn du hältst das Buch nun selbst in deinen Händen. Schau also gleich auf der ersten Seite nach: Dort findest du den Namen.

Und ganz egal, von wem du es bekommen hast: Du, die Hockey-Kids und all die anderen hier auf diesen Seiten, wir alle sind richtig tolle Freunde!

Schön, dass du dazugehörst!

# Meine Freunde

Hier darfst du dich auf einer Doppelseite eintragen.

Du benötigst: Buntstifte, einen Stift zum Schreiben, evtl. eine Schere, einen Klebestift und -wenn du möchtest- ein kleines Foto von dir.

Male die beiden Seiten in deinen Lieblingsfarben an, schreibe oder zeichne deine Antworten in die jeweiligen Felder oder kreuze sie an.

Gestalte das Hockeykind so, wie du selbst aussiehst: Ergänze die Haare, ob lang oder kurz, glatt oder lockig und zeichne dir einen Rock oder eine Hose.

Vergiss dein Vereinslogo nicht!

Du bist Goalie? ... Eine Superheldin? ... Torhäuptling oder Ballzauberer?

Dann drucke dir auf www.sabinehahn.net den tollen Freundebuch-Bastelbogen aus, male deine Ausrüstung an, schneide sie aus und klebe sie hier im Buch auf deine Figur.

Fotografiere den QR-Code und gelange zum Bastelbogen!

Trage deinen Geburtstag in das Kapitel „Geburtstage" ein.

# Das bin ich!

Ich heiße: ................

So erreicht ihr mich: .......

................

Mein Foto

So habe ich euch kennengelernt:

Wir sind allerbeste Freunde, denn ihr seid ...

- [ ] witzig
- [ ] nett
- [ ] mutig
- [ ] schlau
- [ ] cool
- [ ] ......

Datum:

Hockey ist klasse, weil ...

..........

..........

..........

..........

Das war unser tollstes gemeinsames Erlebnis:

..........

..........

..........

..........

..........

Hier spiele ich gerne Hockey mit euch:

- [ ] Schule
- [ ] Verein
- [ ] Halle
- [ ] Feld

Mein liebstes Buch:

Mein Hockey-Traum:

So sehe ich aus:

Meine Superkräfte:

Das wünsche ich mir:

# Das bin ich!

Ich heiße: Lena

So erreichst du mich: Per Mail über www.moncoq.com

(für deinen Leserbrief)

So haben wir uns kennengelernt: Beim Hockey

Wir sind beste Freunde, denn du bist…

- [x] witzig
- [x] nett
- [x] mutig
- [x] schlau
- [x] cool
- [x] fair

Datum: Feb. 2022

Hockey ist klasse, weil … man im Sommer draußen in der Sonne und im Winter in der warmen Halle spielt

Das war unser tollstes gemeinsames Erlebnis: als wir alle gegen das "Lama" gewonnen haben.

(Erinnerst du dich?)

Hier spiele ich gerne Hockey mit dir:

- [x] Schule
- [ ] Verein
- [ ] Halle
- [x] Feld

Mein liebstes Buch:

Die Hockey-Kids Band 1-3

Mein Hockey-Traum:

Ich möchte so gut Hockey spielen können wie meine Trainerin.

So sehe ich aus:

Meine Superkräfte:

Ich renne schnell!

Das wünsche ich dir:

Dass du immer glücklich bist, wenn du Hockey spielst!

# Das bin ich!

Ich heiße: Max

So erreichst du mich: per Mail über www.moncoq.com

(für deinen Leserbrief)

So haben wir uns kennengelernt:

auf der Auswechsel-bank ☺

glaube ich

Wir sind beste Freunde, denn du bist...

- [x] witzig
- [x] nett
- [x] mutig
- [x] schlau
- [x] cool
- [x] stark

Datum: Februar '22

Das war unser tollstes gemeinsames Erlebnis:

als unser Team die Gummibärchen gewonnen hat.

Weißt du noch?

Hockey ist klasse, weil ...

es Spaß macht.

Hier spiele ich gerne Hockey mit dir:

- [x] Schule
- [x] Verein
- [x] Halle
- [ ] Feld

Mein liebstes Buch:

Dieses Freunde-buch

Mein Hockey-Traum:

Mal wieder ein Tor treffen

So sehe ich aus:

Meine Superkräfte:

Ich kann coole Hockeytricks

Das wünsche ich dir:

Dass wir immer Freunde bleiben

# Das bin ich!

Ich heiße: Lars

So erreichst du mich: per Mail über www.moncoq.com

(für deinen Leserbrief)

So haben wir uns kennengelernt:

Auf dem Hockeyplatz

Wir sind beste Freunde, denn du bist…

- [x] witzig
- [x] nett
- [x] mutig
- [x] schlau
- [x] cool
- [x] ehrlich

Datum: Feb. 2022

Hockey ist klasse, weil … unser Team immer zusammenhält. Auch, wenn wir mal verloren haben.

Das war unser tollstes gemeinsames Erlebnis:

Als wir zusammen den Hockeyschläger-Dieb gefasst haben.

Weißt du noch, wer es war?

Hier spiele ich gerne Hockey mit dir:

☐ Schule ☒ Verein

☐ Halle ☒ Feld

Mein liebstes Buch:

Die WORLD Hockey-Kids (Mit magischen Tricks!)

Mein Hockey-Traum:

Einmal bei einer Hockey-WM mitspielen.

So sehe ich aus:

Meine Superkräfte:

Ich bin ein Ballzauberer!

Das wünsche ich dir:

Noch viele gemeinsame, tolle Hockey-Momente.

# Das bin ich!

Mein Foto

Ich heiße: ……………

So erreichst du mich: ……

……………………

So haben wir uns kennengelernt:

Wir sind beste Freunde, denn du bist…

- [ ] witzig
- [ ] nett
- [ ] mutig
- [ ] schlau
- [ ] cool
- [ ] ……

Datum:

Das war unser tollstes gemeinsames Erlebnis:

……………………

……………………

……………………

……………………

Hockey ist klasse, weil …

……………

……………

……………

……………

Hier spiele ich gerne Hockey mit dir:

☐ Schule ☐ Verein

☐ Halle ☐ Feld

Mein liebstes Buch:

........ ........

........ ........

........ ........

........ ........

Mein Hockey-Traum:

..............

..............

..............

..............

......

So sehe ich aus:

Meine Superkräfte:

..............

Das wünsche ich dir:

..............

..............

..............

..............

Mein Foto

# Das bin ich!

Ich heiße: ..................

So erreichst du mich: .......

.......................

So haben wir uns kennengelernt:

Wir sind beste Freunde, denn du bist...

- [ ] witzig
- [ ] nett
- [ ] mutig
- [ ] schlau
- [ ] cool
- [ ] ......

Datum:

Das war unser tollstes gemeinsames Erlebnis:

..................

..................

..................

..................

Hockey ist klasse, weil ...

..........

..........

..........

..........

Hier spiele ich gerne Hockey mit dir:

☐ Schule ☐ Verein

☐ Halle ☐ Feld

Mein liebstes Buch:

Mein Hockey-Traum:

So sehe ich aus:

Meine Superkräfte:

Das wünsche ich dir:

# Das bin ich!

Mein Foto

Ich heiße: ..................

So erreichst du mich: .......

.........................

So haben wir uns kennengelernt:

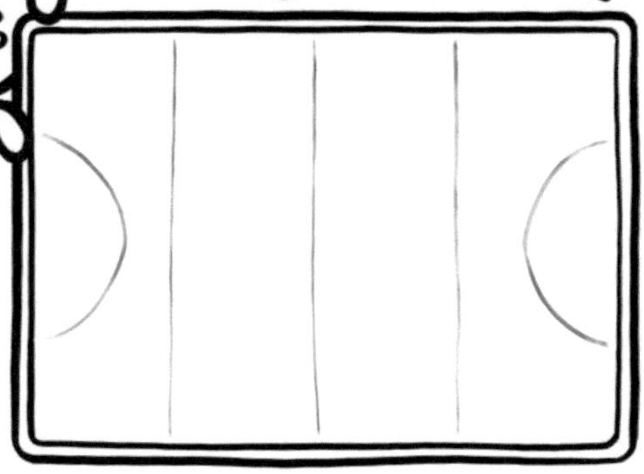

Wir sind beste Freunde, denn du bist...

- [ ] witzig
- [ ] nett
- [ ] mutig
- [ ] schlau
- [ ] cool
- [ ] ......

Datum:

Das war unser tollstes gemeinsames Erlebnis:

........................

........................

........................

........................

........................

Hockey ist klasse, weil ...

..........

..........

..........

..........

Hier spiele ich gerne Hockey mit dir:

- [ ] Schule
- [ ] Verein
- [ ] Halle
- [ ] Feld

Mein liebstes Buch:

Mein Hockey-Traum:

So sehe ich aus:

Meine Superkräfte:

Das wünsche ich dir:

# Das bin ich!

Mein Foto

Ich heiße: ……………

So erreichst du mich: ……

……………………

So haben wir uns kennengelernt:

Wir sind beste Freunde, denn du bist…

- [ ] witzig
- [ ] nett
- [ ] mutig
- [ ] schlau
- [ ] cool
- [ ] ……

Datum:

Das war unser tollstes gemeinsames Erlebnis:

……………………

……………………

……………………

……………………

Hockey ist klasse, weil …

……………

……………

……………

……………

Hier spiele ich gerne Hockey mit dir:

☐ Schule ☐ Verein

☐ Halle ☐ Feld

Mein liebstes Buch:

Mein Hockey-Traum:

So sehe ich aus:

Meine Superkräfte:

Das wünsche ich dir:

# Das bin ich!

Mein Foto

Ich heiße: ...............

So erreichst du mich: .......

.................

So haben wir uns kennengelernt:

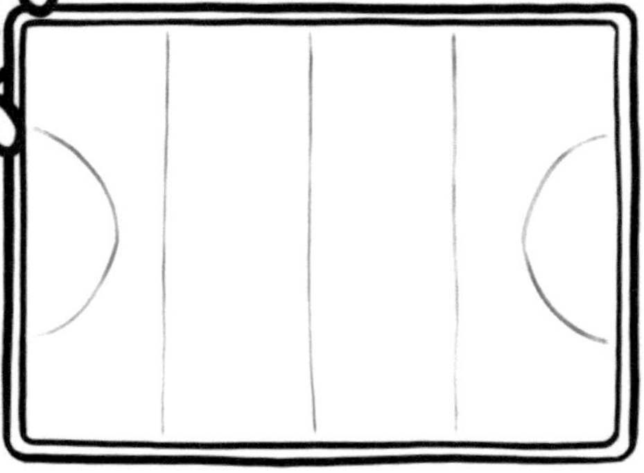

Wir sind beste Freunde, denn du bist...

- [ ] witzig
- [ ] nett
- [ ] mutig
- [ ] schlau
- [ ] cool
- [ ] ......

Datum:

Hockey ist klasse, weil ...

.........

.........

.........

.........

Das war unser tollstes gemeinsames Erlebnis:

.................

.................

.................

.................

.................

Hier spiele ich gerne Hockey mit dir:

- [ ] Schule
- [ ] Verein
- [ ] Halle
- [ ] Feld

Mein liebstes Buch:

Mein Hockey-Traum:

So sehe ich aus:

Meine Superkräfte:

Das wünsche ich dir:

# Das bin ich!

Mein Foto

Ich heiße: ..................

So erreichst du mich: .......

.....................

So haben wir uns kennengelernt:

Wir sind beste Freunde, denn du bist...

- [ ] witzig
- [ ] nett
- [ ] mutig
- [ ] schlau
- [ ] cool
- [ ] ......

Datum:

Das war unser tollstes gemeinsames Erlebnis:

....................

....................

....................

....................

....................

Hockey ist klasse, weil ...

..........

..............

..............

..............

Hier spiele ich gerne Hockey mit dir:

- [ ] Schule
- [ ] Verein
- [ ] Halle
- [ ] Feld

Mein liebstes Buch:

Mein Hockey-Traum:

So sehe ich aus:

Meine Superkräfte:

Das wünsche ich dir:

# Das bin ich!

Mein Foto

Ich heiße: ………………

So erreichst du mich: ………

………………………

So haben wir uns kennengelernt:

Wir sind beste Freunde, denn du bist…

- ☐ witzig
- ☐ nett
- ☐ mutig
- ☐ schlau
- ☐ cool
- ☐ ……

Datum:

Das war unser tollstes gemeinsames Erlebnis:

………………………

………………………

………………………

………………………

Hockey ist klasse, weil …

…………

…………

…………

…………

Hier spiele ich gerne Hockey mit dir:

- [ ] Schule
- [ ] Verein
- [ ] Halle
- [ ] Feld

Mein Hockey-Traum:

...........................

...........................

...........................

...........................

Meine Superkräfte:

...........................

Das wünsche ich dir:

...........................

...........................

...........................

...........................

Mein liebstes Buch:

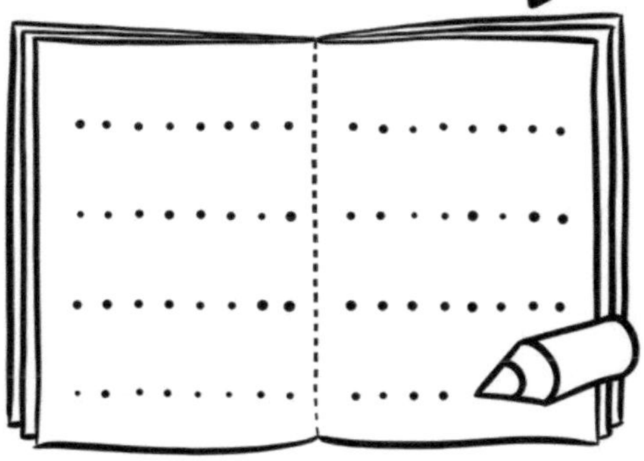

So sehe ich aus:

# Das bin ich!

Ich heiße: ..................

So erreichst du mich: .......

...............................

Mein Foto

So haben wir uns kennengelernt:

Wir sind beste Freunde, denn du bist...

- [ ] witzig
- [ ] nett
- [ ] mutig
- [ ] schlau
- [ ] cool
- [ ] ......

Datum:

Das war unser tollstes gemeinsames Erlebnis:

.....................

.....................

.....................

.....................

.....................

Hockey ist klasse, weil ...

............

............

............

............

Hier spiele ich gerne Hockey mit dir:

- [ ] Schule
- [ ] Verein
- [ ] Halle
- [ ] Feld

Mein liebstes Buch:

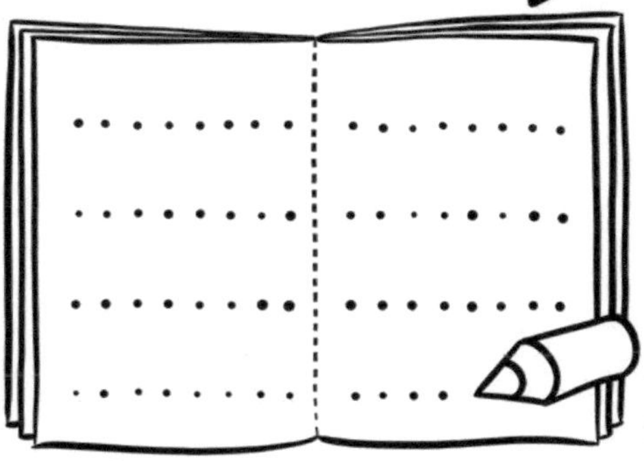

Mein Hockey-Traum:

So sehe ich aus:

Meine Superkräfte:

Das wünsche ich dir:

# Das bin ich!

Ich heiße: ................

So erreichst du mich: .......

...............

Mein Foto

So haben wir uns kennengelernt:

Wir sind beste Freunde, denn du bist...

- [ ] witzig
- [ ] nett
- [ ] mutig
- [ ] schlau
- [ ] cool
- [ ] ......

Datum:

Das war unser tollstes gemeinsames Erlebnis:

.................

................

..............

..............

Hockey ist klasse, weil ...

..........

..........

..........

..........

Hier spiele ich gerne Hockey mit dir:

☐ Schule ☐ Verein

☐ Halle ☐ Feld

Mein liebstes Buch:

Mein Hockey-Traum:

So sehe ich aus:

Meine Superkräfte:

Das wünsche ich dir:

# Das bin ich!

Mein Foto

Ich heiße: ....................

So erreichst du mich: .......

....................

So haben wir uns kennengelernt:

Wir sind beste Freunde, denn du bist...

- [ ] witzig
- [ ] nett
- [ ] mutig
- [ ] schlau
- [ ] cool
- [ ] ......

Datum:

Das war unser tollstes gemeinsames Erlebnis:

....................

....................

....................

....................

....................

Hockey ist klasse, weil ...

..........

..........

..........

..........

Hier spiele ich gerne Hockey mit dir:

☐ Schule ☐ Verein

☐ Halle ☐ Feld

Mein liebstes Buch:

Mein Hockey-Traum:

So sehe ich aus:

Meine Superkräfte:

Das wünsche ich dir:

Mein Foto

# Das bin ich!

Ich heiße: ..................

So erreichst du mich: .......

..................

So haben wir uns kennengelernt:

Wir sind beste Freunde, denn du bist...

- [ ] witzig
- [ ] nett
- [ ] mutig
- [ ] schlau
- [ ] cool
- [ ] ......

Datum:

Das war unser tollstes gemeinsames Erlebnis:

..................

..................

..................

..................

..................

Hockey ist klasse, weil ...

..................

..................

..................

..................

Hier spiele ich gerne Hockey mit dir:

☐ Schule ☐ Verein

☐ Halle ☐ Feld

Mein liebstes Buch:

Mein Hockey-Traum:

So sehe ich aus:

Meine Superkräfte:

Das wünsche ich dir:

Mein Foto

# Das bin ich!

Ich heiße: ....................

So erreichst du mich: ........

.....................................

So haben wir uns kennengelernt:

Wir sind beste Freunde, denn du bist...

- ☐ witzig
- ☐ nett
- ☐ mutig
- ☐ schlau
- ☐ cool
- ☐ ......

Datum:

Hockey ist klasse, weil ...

............

..............

..............

..............

Das war unser tollstes gemeinsames Erlebnis:

......................

......................

......................

......................

......................

Hier spiele ich gerne Hockey mit dir:

☐ Schule ☐ Verein

☐ Halle ☐ Feld

Mein Hockey-Traum:

Meine Superkräfte:

Das wünsche ich dir:

Mein liebstes Buch:

So sehe ich aus:

# Das bin ich!

Mein Foto

Ich heiße: ....................

So erreichst du mich: ........

...........................

So haben wir uns kennengelernt:

Wir sind beste Freunde, denn du bist...

- [ ] witzig
- [ ] nett
- [ ] mutig
- [ ] schlau
- [ ] cool
- [ ] ......

Datum:

Das war unser tollstes gemeinsames Erlebnis:

.......................

.......................

.......................

.......................

Hockey ist klasse, weil ...

..........

..........

..........

..........

Hier spiele ich gerne Hockey mit dir:

☐ Schule ☐ Verein

☐ Halle ☐ Feld

Mein liebstes Buch:

Mein Hockey-Traum:

So sehe ich aus:

Meine Superkräfte:

Das wünsche ich dir:

# Das bin ich!

Mein Foto

Ich heiße: ……………….

So erreichst du mich: …….

……………………………

Wir sind beste Freunde, denn du bist…

- [ ] witzig
- [ ] nett
- [ ] mutig
- [ ] schlau
- [ ] cool
- [ ] ……

So haben wir uns kennengelernt:

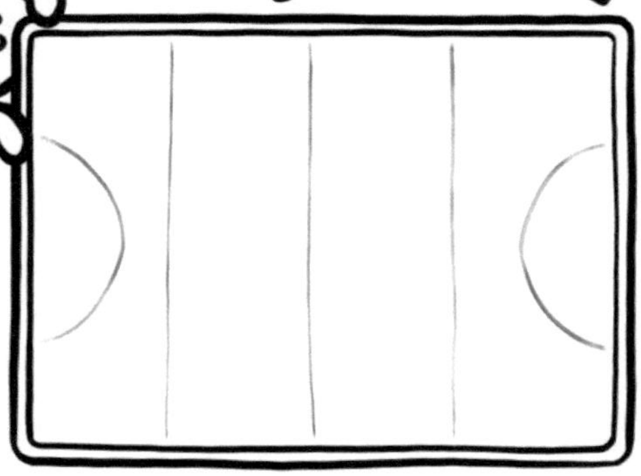

Datum:

Hockey ist klasse, weil …

……………………
……………………
……………………
……………………

Das war unser tollstes gemeinsames Erlebnis:

……………………
……………………
……………………
……………………

Hier spiele ich gerne Hockey mit dir:

- [ ] Schule
- [ ] Verein
- [ ] Halle
- [ ] Feld

Mein liebstes Buch:

.......... ..........

.......... ..........

.......... ..........

.......... ......

Mein Hockey-Traum:

..................

..........................

..........................

..........................

.......

So sehe ich aus:

Meine Superkräfte:

..........................

Das wünsche ich dir:

....................

....................

....................

....................

# Das bin ich!

Ich heiße: ..................

So erreichst du mich: .......

..........................

Mein Foto

So haben wir uns kennengelernt:

Wir sind beste Freunde, denn du bist...

- ☐ witzig
- ☐ nett
- ☐ mutig
- ☐ schlau
- ☐ cool
- ☐ ......

Datum:

Das war unser tollstes gemeinsames Erlebnis:

..................

..................

..................

..................

Hockey ist klasse, weil ...

..........

..........

..........

..........

Hier spiele ich gerne Hockey mit dir:

- [ ] Schule
- [ ] Verein
- [ ] Halle
- [ ] Feld

Mein liebstes Buch:

Mein Hockey-Traum:

So sehe ich aus:

Meine Superkräfte:

Das wünsche ich dir:

# Das bin ich!

Mein Foto

Ich heiße: ………………

So erreichst du mich: ………

…………………………

So haben wir uns kennengelernt:

Wir sind beste Freunde, denn du bist…

- [ ] witzig
- [ ] nett
- [ ] mutig
- [ ] schlau
- [ ] cool
- [ ] ……

Datum:

Hockey ist klasse, weil …

…………………………

…………………………

…………………………

…………………………

Das war unser tollstes gemeinsames Erlebnis:

…………………………

…………………………

…………………………

…………………………

Hier spiele ich gerne Hockey mit dir:

- [ ] Schule
- [ ] Verein
- [ ] Halle
- [ ] Feld

Mein liebstes Buch:

Mein Hockey-Traum:

So sehe ich aus:

Meine Superkräfte:

Das wünsche ich dir:

# Das bin ich!

Mein Foto

Ich heiße: ................

So erreichst du mich: .......

......................

Wir sind beste Freunde, denn du bist...

- [ ] witzig
- [ ] nett
- [ ] mutig
- [ ] schlau
- [ ] cool
- [ ] ......

So haben wir uns kennengelernt:

Datum:

Hockey ist klasse, weil ...

..........

..............

..............

..............

Das war unser tollstes gemeinsames Erlebnis:

....................

....................

....................

....................

Hier spiele ich gerne Hockey mit dir:

- [ ] Schule
- [ ] Verein
- [ ] Halle
- [ ] Feld

Mein liebstes Buch:

. . . . . . . . . . . . . . . . . .

. . . . . . . . . . . . . . . . . .

. . . . . . . . . . . . . . . . . .

. . . . . . . . . . . . . . . . . .

Mein Hockey-Traum:

. . . . . . . . . . . . . . . . . .

. . . . . . . . . . . . . . . . . .

. . . . . . . . . . . . . . . . . .

. . . . . . . . . . . . . . . . . .

. . . . . . .

So sehe ich aus:

Meine Superkräfte:

. . . . . . . . . . . . . . . . . .

Das wünsche ich dir:

. . . . . . . . . . . . . . . . . .

. . . . . . . . . . . . . . . . . .

. . . . . . . . . . . . . . . . . .

. . . . . . . . . . . . . . . . . .

# Das bin ich!

Mein Foto

Ich heiße: ................

So erreichst du mich: .......

................

So haben wir uns kennengelernt:

Wir sind beste Freunde, denn du bist...

- [ ] witzig
- [ ] nett
- [ ] mutig
- [ ] schlau
- [ ] cool
- [ ] ......

Datum:

Das war unser tollstes gemeinsames Erlebnis:

................

................

................

................

................

Hockey ist klasse, weil ...

..........

..........

..........

..........

Hier spiele ich gerne Hockey mit dir:

☐ Schule ☐ Verein

☐ Halle ☐ Feld

Mein liebstes Buch:

........ ........
........ ........
........ ........
........ ....

Mein Hockey-Traum:

..............
..............................
..............................
..............................
......

So sehe ich aus:

Meine Superkräfte:

.......................

Das wünsche ich dir:

....................
....................
....................
....................

Mein Foto

# Das bin ich!

Ich heiße: ………………

So erreichst du mich: ………

………………………

So haben wir uns kennengelernt:

Wir sind beste Freunde, denn du bist…

- [ ] witzig
- [ ] nett
- [ ] mutig
- [ ] schlau
- [ ] cool
- [ ] ……

Datum:

Das war unser tollstes gemeinsames Erlebnis:

……………………

……………………

……………………

……………………

……………………

Hockey ist klasse, weil …

……………

……………

……………

……………

Hier spiele ich gerne Hockey mit dir:

- [ ] Schule
- [ ] Verein
- [ ] Halle
- [ ] Feld

Mein liebstes Buch:

Mein Hockey-Traum:

So sehe ich aus:

Meine Superkräfte:

Das wünsche ich dir:

Mein Foto

# Das bin ich!

Ich heiße: ………………

So erreichst du mich: ………

…………………………

So haben wir uns kennengelernt:

Wir sind beste Freunde, denn du bist…

- [ ] witzig
- [ ] nett
- [ ] mutig
- [ ] schlau
- [ ] cool
- [ ] ……

Datum:

Das war unser tollstes gemeinsames Erlebnis:

……………………

……………………

……………………

……………………

Hockey ist klasse, weil …

…………

…………

…………

…………

Hier spiele ich gerne Hockey mit dir:

☐ Schule ☐ Verein

☐ Halle ☐ Feld

Mein liebstes Buch:

........ ........
........ ........
........ ........
........ ........

Mein Hockey-Traum:

..............
..............
..............
..............
......

So sehe ich aus:

Meine Superkräfte:

..............

Das wünsche ich dir:

..............
..............
..............
..............

# Das bin ich!

Mein Foto

Ich heiße: ……………

So erreichst du mich: ……

……………

So haben wir uns kennengelernt:

Wir sind beste Freunde, denn du bist…

- [ ] witzig
- [ ] nett
- [ ] mutig
- [ ] schlau
- [ ] cool
- [ ] ……

Datum:

Das war unser tollstes gemeinsames Erlebnis:

……………

……………

……………

……………

……………

Hockey ist klasse, weil …

……………

……………

……………

……………

Hier spiele ich gerne Hockey mit dir:

- [ ] Schule
- [ ] Verein
- [ ] Halle
- [ ] Feld

Mein liebstes Buch:

. . . . . . . . . . . . . . . . .

. . . . . . . . . . . . . . . . .

. . . . . . . . . . . . . . . . .

. . . . . . . . . . . . . .

Mein Hockey-Traum:

. . . . . . . . . . . . . . . . . . . .

. . . . . . . . . . . . . . . . . . . . . . . . . . . .

. . . . . . . . . . . . . . . . . . . . . . . . . . . . . .

. . . . . . . . . . . . . . . . . . . . . . . . . . .

. . . . . . .

So sehe ich aus:

Meine Superkräfte:

. . . . . . . . . . . . . . . . . . . . . . . . .

Das wünsche ich dir:

. . . . . . . . . . . . . . . . . . . .

. . . . . . . . . . . . . . . . . . . .

. . . . . . . . . . . . . . . . . . . .

. . . . . . . . . . . . . . . . . . . .

# Das bin ich!

Mein Foto

Ich heiße: ....................

So erreichst du mich: ........

....................

So haben wir uns kennengelernt:

Wir sind beste Freunde, denn du bist...

- ☐ witzig
- ☐ nett
- ☐ mutig
- ☐ schlau
- ☐ cool
- ☐ ......

Datum:

Hockey ist klasse, weil ...

..........

..........

..........

..........

Das war unser tollstes gemeinsames Erlebnis:

..........

..........

..........

..........

..........

Hier spiele ich gerne Hockey mit dir:

- ☐ Schule
- ☐ Verein
- ☐ Halle
- ☐ Feld

Mein liebstes Buch:

Mein Hockey-Traum:

So sehe ich aus:

Meine Superkräfte:

Das wünsche ich dir:

# Das bin ich!

Mein Foto

Ich heiße: ................

So erreichst du mich: .......

..................

So haben wir uns kennengelernt:

Wir sind beste Freunde, denn du bist...

- [ ] witzig
- [ ] nett
- [ ] mutig
- [ ] schlau
- [ ] cool
- [ ] ......

Datum:

Das war unser tollstes gemeinsames Erlebnis:

..................

..................

..................

..................

Hockey ist klasse, weil ...

..........

..........

..........

..........

Hier spiele ich gerne Hockey mit dir:

☐ Schule ☐ Verein

☐ Halle ☐ Feld

Mein liebstes Buch:

Mein Hockey-Traum:

So sehe ich aus:

Meine Superkräfte:

Das wünsche ich dir:

# Das bin ich!

Mein Foto

Ich heiße: ..................

So erreichst du mich: .......

.........................

So haben wir uns kennengelernt:

Wir sind beste Freunde, denn du bist...

- [ ] witzig
- [ ] nett
- [ ] mutig
- [ ] schlau
- [ ] cool
- [ ] ......

Datum:

Das war unser tollstes gemeinsames Erlebnis:

..................

..................

..................

..................

Hockey ist klasse, weil ...

..........

..........

..........

..........

Hier spiele ich gerne Hockey mit dir:

☐ Schule ☐ Verein

☐ Halle ☐ Feld

Mein liebstes Buch:

........ ........
........ ........
........ ........
........ ........

Mein Hockey-Traum:

...............
...............
...............
...............
......

So sehe ich aus:

Meine Superkräfte:

...............

Das wünsche ich dir:

...............
...............
...............
...............

# Das bin ich!

Mein Foto

Ich heiße: ………………

So erreichst du mich: ………

………………………

So haben wir uns kennengelernt:

Wir sind beste Freunde, denn du bist…

- [ ] witzig
- [ ] nett
- [ ] mutig
- [ ] schlau
- [ ] cool
- [ ] ……

Datum:

Das war unser tollstes gemeinsames Erlebnis:

………………………

………………………

………………………

………………………

………………………

Hockey ist klasse, weil …

…………

…………

…………

…………

Hier spiele ich gerne Hockey mit dir:

- [ ] Schule
- [ ] Verein
- [ ] Halle
- [ ] Feld

Mein liebstes Buch:

Mein Hockey-Traum:

So sehe ich aus:

Meine Superkräfte:

Das wünsche ich dir:

# Das bin ich!

Mein Foto

Ich heiße: ....................

So erreichst du mich: .......

....................

Wir sind beste Freunde, denn du bist...

- [ ] witzig
- [ ] nett
- [ ] mutig
- [ ] schlau
- [ ] cool
- [ ] ......

So haben wir uns kennengelernt:

Datum:

Hockey ist klasse, weil ...

..........

..........

..........

..........

Das war unser tollstes gemeinsames Erlebnis:

....................

....................

....................

....................

....................

Hier spiele ich gerne Hockey mit dir:

☐ Schule ☐ Verein

☐ Halle ☐ Feld

Mein liebstes Buch:

Mein Hockey-Traum:

So sehe ich aus:

Meine Superkräfte:

Das wünsche ich dir:

Geburtstage
Januar
März
Februar
April
Mai
Juni

Juli
August
September
Oktober
November
Dezember

# Autogramme

von meinen
Superheldinnen & Hockeystars

Lena
Max
Lars
Lena
Max
Lars

Entdeckt alle Bücher der Hockey-Kids im Buchhandel, findet tolle Sachen in ihrem Shop und Stundenpläne & Spiele auf:

www.sabinehahn.net

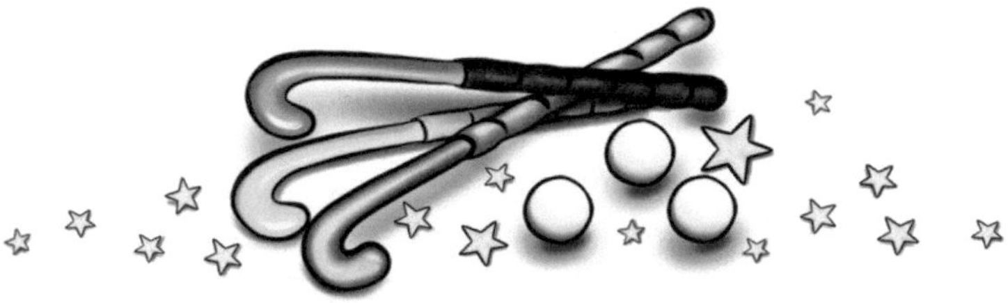

Weitere Videos der Hockey-Kids mit coolen Tricks gibt es hier... ↗

MON COQ
edition